¡QUÉ LINDOS! LOS ANIMALES BEBÉS

LOS ANIMALES BEBÉS DE LA GRANJA

RACHAEL MORLOCK

Published in 2025 by The Rosen Publishing Group, Inc.
2544 Clinton Street, Buffalo, NY 14224

Copyright © 2025 by The Rosen Publishing Group, Inc.

All rights reserved. No part of this book may be reproduced in any form without permission in writing from the publisher, except by a reviewer.

First Edition

Editor: Rachael Morlock
Book Design: Michael Flynn

Photo Credits: Cover, p. 1 Andrew Linscott/Shutterstock.com; (series background) Viktoriia LiSa/Shutterstock.com; p. 5 Qvist2000/Shutterstock.com; p. 7 HunsaBKK/Shutterstock.com; p. 9 ADA_photo/Shutterstock.com; p. 11 Thuwanan Krueabudda/Shutterstock.com; p. 13 Jeffrey Schwartz/Shutterstock.com; p. 15 Rita_Kochmarjova/Shutterstock.com; p. 17 JoshuaDaniel/Shutterstock.com; p. 19 Rita_Kochmarjova/Shutterstock.com; p. 21 Marlinda vd Spek/Shutterstock.com.

Library of Congress Cataloging-in-Publication Data

Names: Morlock, Rachael, author.
Title: Los animales bebés de la granja / Rachael Morlock.
Description: [Buffalo, New York] : PowerKids Press, [2025] | Series: ¡Qué lindos! Los animales bebés | Includes bibliographical references and index.
Identifiers: LCCN 2024004113 (print) | LCCN 2024004114 (ebook) | ISBN 9781499448818 (library binding) | ISBN 9781499448801 (paperback) | ISBN 9781499448825 (ebook)
Subjects: LCSH: Livestock–Juvenile literature. | Livestock–Infancy–Juvenile literature.
Classification: LCC SF75.5 .M678 2025 (print) | LCC SF75.5 (ebook) | DDC 636–dc23/eng/20240228
LC record available at https://lccn.loc.gov/2024004113
LC ebook record available at https://lccn.loc.gov/2024004114

Manufactured in the United States of America

Some of the images in this book illustrate individuals who are models. The depictions do not imply actual situations or events.

CPSIA Compliance Information: Batch #CSPK25. For Further Information contact Rosen Publishing at 1-800-237-9932.

CONTENIDO

En la granja 4
Polluelos 6
Patitos 8
Cerditos. 10
Terneros. 12
Potros 14
Corderos 16
Cabritos 18
Bebés de primavera 20
Glosario. 22
Para más información 23
Índice 24

En la granja

Los granjeros cuidan a los animales de sus granjas, y cada animal tiene un trabajo que hacer. Algunos ayudan con las tareas, otros producen cosas, como lana, o dan comida, como huevos, leche o carne. Los animales de la granja normalmente tienen bebés en primavera. ¡Su primera tarea es ser adorables!

Polluelos

¿Existe cosa más linda que un pollito suave y peludo? Los pollitos salen del **cascarón** al menos 21 días después de que la gallina pone los huevos. Rompen la cáscara del huevo con sus patas y su pico. Los pollitos nacen cubiertos de suave **plumón**. Unas semanas después, les salen plumas nuevas.

Patitos

Al igual que los pollos, los patos bebés nacen de huevos. Ellos utilizan un diente de huevo especial que tienen en el pico para romper la cáscara del huevo. Su suave plumón hace que los patitos sean especialmente lindos. Después de unas seis semanas, les salen plumas nuevas. Una **nidada** de patitos es un grupo unido, tanto en tierra como en agua.

Cerditos

¡Una mamá cerda da a luz a una **camada** de unos 10 bebés! Los cerditos solamente pesan unas pocas libras cada uno. Nada más nacer, **se apresuran** a beber la leche de su mamá. Los cerditos crecen rápidamente. A las tres semanas de nacer, ya pesan unas 15 a 20 libras (7 a 9 kg).

Terneros

Una mamá vaca normalmente da a luz a un solo bebé. Cuando nace, ¡el ternero ya tiene un peso de entre 50 y 100 libras (23 a 45 kg)! Al principio, el ternero bebe la leche de su mamá. Al hacerse mayor, el ternero ya puede comer hierba y heno.

Potros

Los caballos bebés se llaman potros. Normalmente, nace solamente un potro a la vez. Tan solo una hora después de nacer, el potro ya puede ponerse de pie. ¡No tarda mucho en caminar y correr también! El potro se queda cerca de su mamá y bebe su leche.

Corderos

Las mamás ovejas a menudo tienen gemelos. Una hora después de nacer, los corderos ya pueden ponerse de pie y caminar. Están cubiertos de lana muy suave. Los corderos forman un **vínculo** fuerte con su mamá. Cada hora beben varias veces su leche, ¡y el resto del tiempo juegan y duermen!

Cabritos

Las cabras a menudo dan a luz a gemelos e incluso trillizos. A los bebés cabra se les llama cabritos. Al igual que los niños humanos, ¡los cabritos son activos y curiosos! Los cabritos se ponen de pie y caminan poco después de nacer. Pronto están listos para correr, saltar y jugar. El sonido que hacen las cabras se llama balido.

Bebés de primavera

La primavera es un buen momento para ver animales bebés en una granja. Tal vez podrías tocar la suave lana de un cordero, tener un pollito que **pía** entre tus manos o escuchar el balido de un cabrito. ¡En una granja podrías hacer un montón de nuevos amigos muy lindos!

GLOSARIO

apresurarse: darse prisa en hacer algo antes de que otro lo haga.

camada: un grupo de bebés que nacen juntos de una mamá animal.

cascarón: la parte dura exterior del huevo de un ave, de donde sale la cría.

nidada: un grupo de pájaros bebés recién salidos del cascarón.

piar: hacer un ruido alto y rápido, como el de los pollitos.

plumón: una capa de plumas muy suave y esponjosa.

vínculo: la unión de una persona o animal con otro.

PARA MÁS INFORMACIÓN

LIBROS

Emminizer, Theresa. *Lambs*. Buffalo, NY: PowerKids Press, 2024.

Hinman, Bonnie. *Farm Animals*. Mineápolis, MN: ABDO Publishing, 2023.

Horning, Nicole. *Foals*. Nueva York, NY: Cavendish Square, 2021.

SITIOS WEB

Bebés del corral con el doctor Pol
kids.nationalgeographic.com/videos/topic/barnyard-babies-with-dr-pol
Mira estos videos cortos de National Geographic para ver los animales bebés de granja más lindos.

Vacas de la Granja Infantil
nationalzoo.si.edu/animals/cow
Lee más acerca de las vacas y de cómo se utilizan en las granjas.

Nota de la editorial a los educadores y padres: nuestros editores han revisado cuidadosamente estos sitios web para comprobar que son apropiados para los alumnos. No obstante, muchos sitios web cambian con frecuencia, por lo que no podemos garantizar que los contenidos futuros cumplan con nuestros criterios de alta calidad y valor educativo. Les recomendamos que supervisen cuidadosamente a los alumnos siempre que tengan acceso a internet.

ÍNDICE

C
caballos, 14
cabras, 18
cerda, 10

G
gallina, 6
granjeros, 4

H
huevos, 4, 6, 8

O
ovejas, 16

P
patos, 8
plumón, 6, 8
pollos, 8
primavera, 4, 20

T
tareas, 4

V
vaca, 12